박시백의 조선왕조실록

1

개국

일러두기

2024 어진 에디션은 정사 《조선왕조실록》을 바탕으로 한 이 책의 특징을 드러내고자
어진과 공신화에서 모티브를 얻어 박시백 화백이 새롭게 표지화를 그렸다. (표지화 인물: 태조)

박시백의 조선왕조실록

The Veritable Records of the Joseon Dynasty **1** The Founding of a Dynasty

개국

Humanist

머리말

　　　　외환위기가 한창이던 때였다. 어쩌다가 사극을 재미있게 보게 되었는데 역사와 관련한 지식이 너무도 부족한 자신을 발견하게 되었다. 그도 그럴 것이 젊은 날에 본 역사서는 근현대사가 대부분이었고, 조선사에 대한 지식이라고는 중·고교 시절에 학교에서 배운 단편적인 것들이 거의 전부였다. 당시 나는 신문사에서 시사만화를 그리고 있었다. 다행히 신문사에는 조그만 도서실이 있었는데, 틈틈이 그곳에서 난생처음 조선사에 대한 여러 책을 접할 수 있었다.

　　　　조선사, 특히 정치사는 흥미진진했다. 거기에는 우리에게 익숙한 수많은 역사적 인물의 신념과 투쟁, 실패와 성공의 이야기가 있었고, 《삼국지》나 《초한지》 등에서 만나는 극적인 드라마와 무릎을 치게 하는 탁월한 처세가 있었다. 만화로 그리면 재미있겠다는 생각이 들었다. 몇 권 더 구해 읽다 보니 한 가지 궁금증이 생겼다. 어디까지가 정사에 기록된 것이고 어느 부분이 야사에 소개된 이야기인지가 모호했다. 이 대목에서 결심이 섰던 것 같다. 조선 정치사를 만화로 그리자, 그것도 철저히 《실록》에 기록된 정사를 바탕으로 그리자.

　　　　곧이어 다니던 신문사를 그만두고 《국역 조선왕조실록 CD-ROM》을 구입했다. 돌이켜보면 참 무모한 결심이었다. 특정한 출판사와 계약한 것도 아니고, 《실록》의 한 쪽도 직접 본 적 없는 상태에서 작업에 전념한다는 미명 아래 회사부터 그만두었으니. 내 구상만 듣고 아무 대책 없는 결정에 동의해준 아내에게도 뭔가가 씌웠던 모양이다. 궁궐을 찾아 사진을 찍고 화보자료를 찾아 헌책방을 기웃거렸다. 1권에 해당하는 부분을 공부한 뒤 콘티를 짜기 시작했다. 동네를 산책하면서도 머릿속에서는 항상 그 시대의 인물들이 이야기를 주고받고 다투곤 했다. 어쩌다 어떤 인물의 행동이 새롭게 이해되기라도 하면 뛸 듯이 기뻤다.

마침내 펜선을 입히면서 수십 장이 쌓인 뒤 처음부터 읽어보면 이게 아닌데 싶어 폐기하기를 서너 번, 그러다 보니 어느새 1년이 후딱 지나가버렸다. 아무런 결과물도 없이 1년이 흘렀다고 생각하니 슬슬 걱정이 차오르기 시작했다. 이러다간 안 되겠다 싶어 100여 장의 견본을 만들어 무작정 출판사를 찾아가기로 했다. 그렇게 견본을 만든 후 몇 군데에서의 퇴짜는 각오하고 출판사를 찾아가려던 차에 동료 시사만화가의 소개로 휴머니스트를 만나게 되었고, 덕분에 다른 출판사들을 찾아가지는 않아도 되었다.

이 만화를 그리며 염두에 둔 나름의 원칙이 있다면 이랬다.
첫째, 정치사를 위주로 하면서 주요 사건과 해당 사건에 관련된 핵심 인물들의 생각과 처신을 중심으로 그린다.
둘째, 《실록》의 기록을 바탕으로 하면서 학계의 최근 연구 성과를 적극 고려하고 필자 스스로도 적극적으로 해석에 개입한다.
셋째, 성인 독자들을 주된 대상으로 삼되, 청소년들과 역사에 관심이 남다른 어린이들이 보아도 무방하게 그린다.

흔쾌히 출판을 결정해준 휴머니스트 김학원 대표와 책이 나오는 데 애써준 휴머니스트 식구들에게 감사드린다. 그리고 언제나 곁에서 응원해주고 적절히 비판해주는 아내와 사랑하는 두 딸! 고맙다.

2003년 6월

세계기록유산은 모두의 것이며,
모두를 위해 온전히 보존되고 보호되어야 하며,
문화적 관습과 실용성을 충분히 인식하여
모든 사람이 장애 없이 영구적으로 접근할 수 있어야 합니다.

The world's documentary heritage belongs to all,
should be fully preserved and protected for all and,
with due recognition of cultural mores and practicalities,
should be permanently accessible to all without hindrance.

―〈유네스코 '세계의 기억' 프로그램의 목표〉 중에서

대한민국 국보 제151호
유네스코 세계기록유산
조선왕조실록

진실성과 신빙성을 갖추고
25대 군주, 472년간의 역사를 6,400만 자에 담은
세계에서 가장 장구하고 방대한 세계기록유산.
세계인이 기억해야 할 위대한 유산
《조선왕조실록》의 세계로 초대합니다.

차례

머리말 4
등장인물 소개 10

제1장 **북방의 호랑이**

동북면의 실력자 14
운명을 건 도박 22
공민왕의 개혁 29
이성계의 화려한 등장 36
전쟁의 천재 48

제2장 **혁명을 꿈꾸는 자**

혁명의 씨앗 58
개혁의 실패 65
공민왕의 죽음 79
어린 왕의 후견인 91
혁명아 정도전 98

제3장 **위화도회군**

고려의 두 영웅 114
무력과 사상의 만남 120
무기력한 우왕 123
권력을 잡은 최영 127
요동을 정벌하라 134
말머리를 돌리다 142

―――――――――――――――――― 제4장 **고려를 지켜라**

조민수와 이색 150
창왕을 몰아내다 155
토지개혁을 실시하다 161
만만찮은 공양왕 163
고려를 지키려는 자 170
정몽주의 반격 178

―――――――――――――――――― 제5장 **역성혁명**

위기의 이성계 188
선죽교의 피 195
고려 멸망 카운트다운 200
이성계, 왕이 되다 206

작가 후기 214
《개국》연표 216
조선과 세계 219
The Veritable Records of the Joseon Dynasty 220
Summary: The Founding of a Dynasty 221
세계기록유산, 《조선왕조실록》 222
도움을 받은 책들 223

등장인물 소개

이성계
변방 출신의 무장, 전쟁영웅이라는 대중적 인기와 막강한 군사력을 바탕으로 조선을 세운다.

정도전
신진 사대부 급진 개혁파의 기수로 이성계와 함께 역성혁명을 이뤄낸다.

공민왕
고려의 재건을 꿈꾸었던 개혁 군주. 개혁이 실패한 뒤 비참한 최후를 맞는다.

이인임
공민왕 사후 우왕의 후견인으로 실권을 장악한 뒤 친원 보수정책을 폈다.

우왕

신돈
승려로서 공민왕을 도와 과감한 개혁정치를 펴나가다 역모 혐의로 참수된다.

최영

전쟁영웅. 요동정벌을 추진했으나 이성계의 회군으로 실각한 뒤 참수된다.

이색

고려 말의 대유학자로 역성혁명에 반대했다.

정몽주

역성혁명을 막기 위해 공양왕과 손잡고 이성계 세력과 대립하다 피살된다.

공양왕

고려의 마지막 왕.

이안사

이성계의 고조

이자춘

이성계의 아비

조민수

위화도회군을 함께했다.

조준

이성계의 왼팔

이방원

이성계의 5남

다음 권엔 내가 주인공이야.

이지란(퉁두란)    조영규    남은    주원장

태조 이성계 어진
1872년에 화가 조중묵이 낡은 원본을 그대로 옮겨 그렸다. 비록 옮겨 그린 것이기는 하나
현존하는 유일한 태조 어진이다. 어진을 봉안하기 위해 태종 10년에 창건한 경기전에서 볼 수 있다.
전라북도 전주시 완산구 풍남동 경기전.

제1장

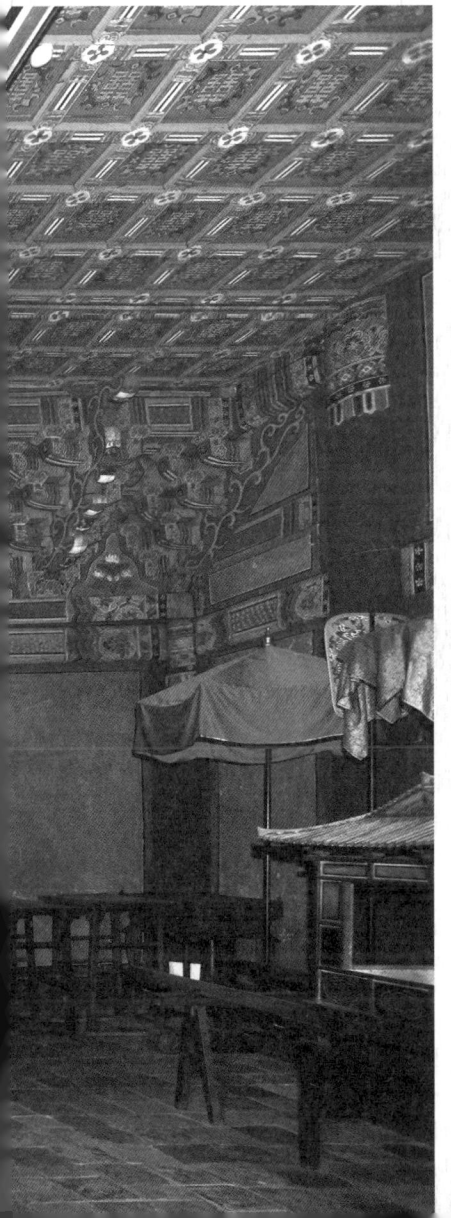

북방의
호랑이

동북면의 실력자

고려의 도망자가

중원의 새 패권자인 원제국의 관리가 된 것이다.

주변의 실력자들과 술자리를 같이하고,

정략결혼도 시켜가며

동북면의 어엿한 실력자로 성장했으니……

이 안사!
이 사람이 바로 이성계의 고조로
《용비어천가》의 첫머리를 장식하는 목조다.

엥? 민족반역자라고? 어허! 뒷날의 잣대로 이 시대를 평가하면 곤란하지~잉.

운명을 건 도박

이안사가 헤어스타일을 몽고식 체두변발로 바꾼 지

꼭 100년이 흘렀다.

아들도, 손자도

모두 똑똑했는지 그가 이룩한 지위와 가세는 더욱 탄탄해져 있었다.

이자춘. 이안사의 증손이자 이성계의 아비 되는 사람.

그는 요즘 고민이 많다.

다시 난세가 찾아왔기 때문이다.

영원할 것만 같던 원제국이 눈에 띄게 약화되기 시작한 것.

황실은 라마교에 빠져 흥청거리고,

대신들은 권력투쟁에 혈안이 된 사이,

우습게 시작되었던 반란의 불길이

거대한 들불이 되어 대륙 전역을 뒤덮고 있는 것이다.

과연, 원 조정이 저 불을 끌 수 있을 것인가?

이자춘은 가문의 명운을 건 결심을 한다.

성계야! 개경으로 가자!

나는… 원제국은 머지않아 망한다!

……

…는 쪽에 우리 가문과 너의 미래를 걸기로 했다.

근래의 행보로 볼 때 고려 왕도 같은 생각인 모양, 고려와 운명을 같이하는 거다!

고려를 등진 지 100년 만에 이안사의 후손은 고려 국적을 되찾았다.

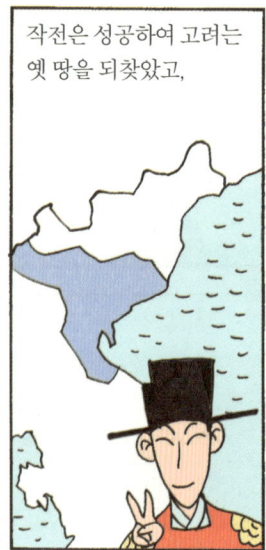

공민왕의 개혁

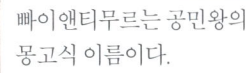

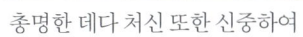

여진,

원,

왜구들이 연달아 고려를 침범해오면서

국토는 전란에 휩싸이고 백성은 거듭 피란 보따리를 싸야 했던 것이다.

자연히 개혁은 그 기회를 잃었다.

그렇게 왕은 불운했고 그의 불운은 곧 고려의 불행이기도 했는데,

그 불행이 이 사내에겐

기회가 되어주었다.

이성계의 화려한 등장

이성계는 아비와 함께 5년을 개경에 머물렀다.

공신의 자제인 만큼 바른 자세로 앉아 공부도 하고,

각종 연회에 참석했을 것이며,

재상집 도련님들과 교우도 했으리라.

격구대회에서 신기에 가까운 말타기 솜씨를 선보였다는 기록으로 보아, 활쏘기 등 그의 여타 무예 솜씨도 자랑할 기회가 제법 있었을 것이다.

병사 수로는 전체 고려군의 100분의 1.

1%

그러나 그 몇 배의 전공을 세우면서 멋지게 데뷔전을 장식한다.

가장 먼저 동대문을 돌파했을 뿐 아니라,

홍건군의 수장을 비롯한 여러 장수의 목을 벤 것.

무명의 이성계는 일약 전국적인 스타로 떠올랐다.

"이성계란 젊은 장군이 대활약을 했다며?"

"말도 마. 새파랗게 젊은 양반인데 무예는 물론이고 용병술도 보통이 아니더라고."

"이성계…"

그리고 몇 달 뒤……

두두둥 두 둑…

"적이다! 적이 쳐들어 온다아!"

전쟁의 천재

다음 날 이성계 부대는 좌·중·우 각 방면의 선봉을 맡았다.

작전이랄 것도 없는 평원에서의 정면충돌.

이성계와 그의 군대는 죽기 살기로 싸웠다.

아귀 같은 기세 앞에 이윽고 적이 무너지기 시작하고,

때를 놓칠세라 고려군은 총공세를 펴서

승리를 거둔다.

이때의 경험에서 이성계가 얻은 교훈이 자못 컸던 모양이다.

이후 《실록》에서는 잘난 척하는 이성계의 모습을 찾아보기 어렵다.

기껏해야 직속부하들 앞에서 이러는 정도.
봤지? 싸움은 이렇게 하는 거야.

물론 그의 흠을 기록하지 않으려는 사관들의 의도도 작용했겠지만,

그 자신의 처신이 달라진 것이다.
겸손…

또 겸손…

적이야 무찔러버리면 그만이지만 동료들로부터 고립되면 여간 곤란한 게 아님을 뼈아프게 경험한 때문이다.

그렇게 전투와는 다른 정치적 처신법을 배워갔다.

이후로도 크고 작은 전쟁이
계속 이어져 고려를 괴롭혔다.

고비마다 이성계는 출전했고,

출전하면 반드시
이기고 돌아왔다.

그에 따라 벼슬도
높아졌고

불패의 명장으로서
명성과 위신도
날로 높아갔다.

도담삼봉
충북 단양에 있는 세 개의 바위섬. 정도전이 이곳 중앙봉에 정자를 짓고 경치를 즐겼으며, 이곳의 이름을 따서 자신의 호를 지었을 만큼 좋아했다고 한다.

제2장

혁명을
꿈꾸는 자

혁명의 씨앗

이 사람이 누군고 하니 고려 말의 대유학자, 목은 이색이다.

일찍이 열네 살에 성균시에 합격하고 원나라 과거에 응시, 1, 2, 3차 시험에 각 1, 1, 2등을 한 당대의 수재.

모친의 연로함을 이유로 귀국하자,

그의 집에는 공부깨나 한다는 새싹들이 각지에서 구름처럼 몰려들어
선생님! 샘요! 선생님!

순식간에 고려 최고의 명문학원이 탄생했다.

국사 교과서에서 신진 사대부라 불리는 세력의 대표주자들이 다 여기서 나왔다.
정몽주 정도전 이숭인 권근 윤소종 등등…

*녹봉(祿俸): 벼슬아치에게 일정한 간격으로 내린 곡식이나 옷감, 돈 등. 오늘날의 월급과 비슷한 것이다. = 봉록(俸祿)

*면천(免賤): 천민의 신분에서 벗어나 평민이 됨.

개혁의 실패

초야의 신진도 귀한 자리에 오르고 나면

권문세족과 혼인하여 처음 품은 뜻을 저버리고,

유생이란 선비들은 나약한 데다 문생이니 선후배니 하며 몰려다닌다. 이러니 누굴 믿겠는가?

공민왕이 사부라 부르는 이 스님의 법명은 변조라 한다.

왕이 어느 날 꿈을 꾸는데,

괴한이 나타나 자신을 찌르려 하는 게 아닌가?

그 절체절명의 순간에 홀연히 한 스님이 나타나 괴한을 물리쳐주었다.

* 근신(近臣): 임금을 가까이에서 모시던 신하.

* 좌주(座主): 과거제도를 담당하던 관리로, 자신이 관리한 과거에서 급제한 사람이 그를 스승으로 여겨 부르던 말.
* 문생(門生): 과거에 급제한 사람으로, 자신이 치른 과거를 담당한 관리의 제자라는 뜻으로 스스로를 이르던 말.

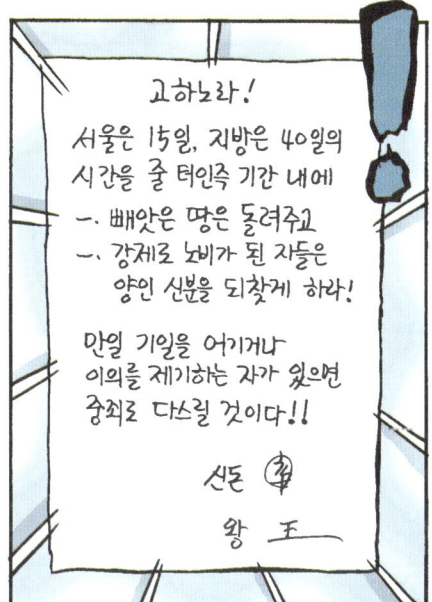

성균관이 재건되었다. 총장 격에 이색, 교수진에 정몽주, 김구용, 이숭인······

이렇게 신돈의 개혁 결과 최대 수혜자는 이들 신진 사대부들이었다.

성균관은 그들의 이념을 단련하고 세력을 확장하는 장이 되었으며

정비된 과거제도를 통해 대거 관계에 진출할 수 있었다.

이 미심쩍은 역모 사건은 공민왕의 작품이었다는 추정이 많다.

글쎄요? 커져가는 반신돈 세력의 반발을 그 이상 감당할 자신이 없어서… … 아닐까요?

그 보다는 지나치게 커진 신돈의 힘과 백성의 열광적인 지지에 두려움과 질투를 느꼈기 때문이라고 보는게 옳을 듯싶소만.

어느 경우건 근본적인 책임은 신돈 자신에게 있다고 봐야지. 개혁의 총수 스스로 그렇게 많은 약점을 드러냈으니…

어쨌거나 그의 죽음으로 개혁은 끝났다.

오랫동안 품어온

고려 재건의 열정도

연기처럼 사라지고 왕은 아주 다른 사람이 되어버렸다.

공민왕의 죽음

어이없는 최후. 1374년 9월이었다.

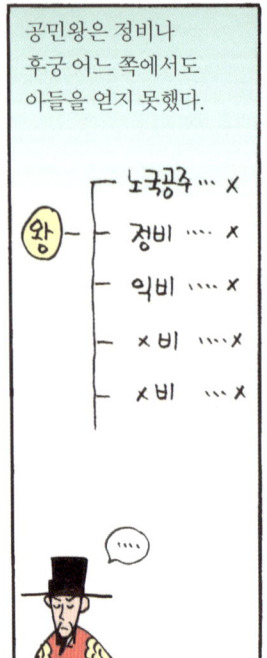

제2장 혁명을 꿈꾸는 자

어린 왕의 후견인

이인임은 권문세족 출신.

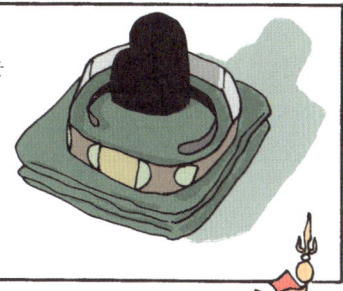
벼슬 생활도 과거가 아닌, 귀족 자제들에게 주어지는 특권이었던 '음서'를 통해 시작했다.

그는 진작부터 처신이나

정치감각이 출중했던 모양.

권문세가 출신임에도 신돈의 눈에 들어 개혁 실무 책임을 맡았고,

신돈을 제거할 땐 많은 사람이 그의 일당이라는 이유로 숙청되었지만,

이인임은 오히려 승진했다.

이제 어린 왕의 후견인으로 권력을 한 손에 틀어쥐었다.

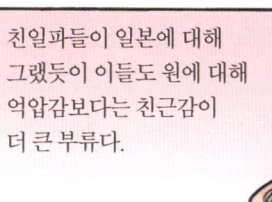
친일파들이 일본에 대해 그랬듯이 이들도 원에 대해 억압감보다는 친근감이 더 큰 부류다.

집권 세력은 북원과의 국교회복을 결정한다.

마침 고려에 들어와 있던 명나라 사신 채빈에게 이 정보가 들어갔다.

감히 고려가 우리와 북원 사이에 양다리 외교를 하겠다고?

막상 명나라 사신의 노발대발 소식을 전해 듣자 이인임은 와락 겁이 났다.

혁명아 정도전

정도전, 호는 삼봉. 경북 봉화 출신이다.

아버지 정운경은 과거에 급제하여 벼슬이 형부상서에 이르렀던 인물.

고려의 대표적인 청백리로 기록될 만큼 치부와 세력 쌓기 같은 일에는 관심이 없었다.

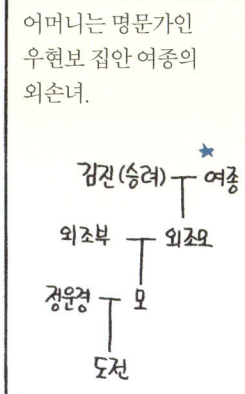

비록 저항의 대가는 혹독한 것이었지만, 세상은 이제 신진 사대부라는 새로운 정치 세력의 존재를 알게 되었다.

정도전의 유배지는 전라도 나주 근처의 천민촌.

지루하고 곤궁한 날들이었으나 유배 생활을 통해 그는 책에서는 배울 수 없는 많은 것을 배웠다.

벗들은 하나 둘 정계로 복귀했지만,

그에게는 기회가 주어지지 않는다.

2년이 넘게 지나 마침내 그도 풀려났다. 그런데……

정도전의 강의를 불온하게 여겼는지,
정도전을 그렇게 여겼는지,

인근 재상가의 사람들이 와서 초막을 헐어버린다.

부평으로 옮겼더니 거기서도 헐리고,

다시 김포로 집을 옮겼다.
이 시절에 지은 시 한 수.

집을 옮기다

오 년에 세 번 집을 옮겼는데
올해에 다시 옮기게 됐네.
들은 넓은데 둥근 초가는 자그마하고
산은 길고 길지만 고목은 성글어라.

밭 가는 농부는 성을 물어오건만
옛 친구는 편지마저 끊어버렸다.
천지는 나를 용납해줄까?
표표히 가는 대로 내맡겨두자.

유배된 때로부터 8년이 흘렀다.
어느덧 나이는 40줄에 들어서고,

젊은 날 술잔을 기울이며 사회 개혁을 부르짖던
벗들에게서도 더는 연락이 없다.

칼   머리 vs 건강

제2장 혁명을 꿈꾸는 자   111

위화도
평안북도 의주에 있는 압록강 하류의 섬. 최영의 요동정벌론에 따라 출병한 이성계는 이곳 위화도에서 회군을 결심한다. 위화도회군으로 이성계는 조선 창업의 기반을 마련했다.

제3장

위화도
회군

고려의 두 영웅

왜구들은 내륙까지 들어와 곳곳을 유린했다. 횡포 또한 갈수록 흉포해져서

백성은 공포와 분노로 떨었다.

다행히 고려에는 두 명장이 있었으니

이장군님 최장군님

60대의 노구이나 불패의 명장 최영.

40대의 한창나이로 역시 불패지장 이성계.

왜구를 잠재운 것도 두 명장의 몫이었다.

최영, 일찍이 열여섯에 아버지를 잃었는데 아버지의 유언인즉,

평생 그 뜻을 거스르지 않았다.

무장으로서 그는 철두철미 원칙주의자.

법도와 군기를 바로 세우고 이를 어긴 자는

지위고하를 막론하고 가차 없이 처벌했다.

힘이 장사였고 싸움에 임하면 용감하기 이를 데 없었다.

밀리던 싸움도 그가 지휘하면 전세가 바뀌었다.

고려를 대표하는 장수로서 그의 말발굽이 이르지 않은 곳이 없을 정도였다.

일찍이 젊어서는 원나라의 요청에 따라 장사성 반군을 토벌하는 싸움에 참전하여 중국 대륙을 누볐고,

김용의 난을 제압했으며,

홍건군과의 싸움에서나 최유, 덕흥군이 원나라 군대를 이끌고 왔을 때에도 그의 공은 드높았다.

신돈 시절에는 유배 생활을 겪기도 했지만,

신돈이 죽자 다시 돌아와

공민왕이 죽던 때에는 제주도를 누비고 있었다.

원나라 출신 목동들의 난을 진압하는 싸움이었다.

제주 사람들도 이때 하영(많이) 죽었수다.
제주 향토사학자 이야무개

무력과 사상의 만남

1383년 가을, 이성계는 여진족 호바투군을 치기 위해 고향 땅 함주에 주둔하고 있었다.

둘의 첫 만남을 《실록》은 다음과 같은 상징적 대사로 전하고 있다.

들어오면서 장군님의 병사들을 보았는데

엄정한 군기에 절도 있는 움직임, 이 군대로 무슨 일인들 못하겠습니까?

무기력한 우왕

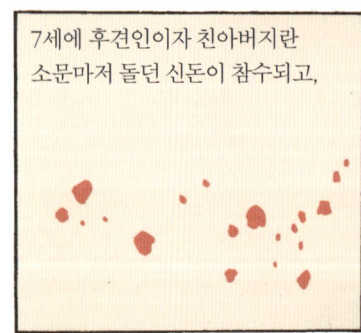

그날 밤으로 임진강에 던져져 고기밥이 되고 말았다.

그 모든 아픔을 딛고 좋은 왕이 되어보리라 다짐하여 공부와 경연에 열심이던 때도 있었다.

그는 빗나가기로 했다.

이어지는 그의 탈선행위들은 마치 자신의 권력이 허용되는 정도를 시험이라도 하는 듯이 보인다.

좁다란 도성 골목 안에서 개·닭 사냥을 즐기고,

길거리에서

미녀를 만나면

그녀의 집으로 들어가 욕보이고,

결혼을 앞둔 처자를 빼앗는 등

사춘기 왕의 비행은 10대를 다 보낼 때까지 계속되었다.

그래도 이인임 등은 누구 하나 뭐라 하지 않았다.

그러나 한 사람은 달랐다.

권력을 잡은 최영

왕은 은밀히 최영을 만나 의사를 타진한다.
······!

이 대감을 제거하자고?!!

부정부패와 축재, 사치 따위를 누구보다도 혐오했던 최영!

일찍이 이인임의 면전에서 이렇게 쏘아붙였던 그다.
나라에 어려움이 많은데 어찌 나라 근심은 않고 집안 재산만을 생각하시오?

이런 일도 있었다. 어떤 이가 묻기를,
벼슬을 하려면 어찌해야 됩니까?

몰라서 묻는가? 상공(商工)을 배우면 간단하네.

돈으로 벼슬을 사고파는 이인임 일파에 대한 조롱이었다.
아···네ㅇㅇ

제3장 위화도회군 131

최영, 이성계군은 재빠르게 행동하여,

당대의 실권자들인 임견미, 염흥방, 도길부와 그 일당을 잡아 목을 베었다.

아내와 딸들은 관비로 삼았고,

어린 아들들은 임진강에 던져졌다.

계획은 완벽하게 성공했다.

이인임은 병든 몸을 이끌고 최영 집으로 달려가 대문을 두드렸지만 최영은 만나주지 않았다.

요동을 정벌하라

원하던 바를 이루었으나 왕은 불안하다.

이제 권력의 생리를 제법 알게 됐기 때문이다.

어제의 동지도 믿을 수 없게 만드는 것이 권력 아니던가.

시중 최영, 수시중 이성계. 지금은 충성을 다짐하고 있건만, 권력이란 요물이 언제 이들의 마음을 바꿔놓을지는 아무도 모르는 일.

이보세요, 시중.

예, 전하!

최영마저 등을 돌리면 끝장이다.

이… 일전에 댁에서 보니 어여쁜 여식이 있던데…… 제… 제게 주시죠.

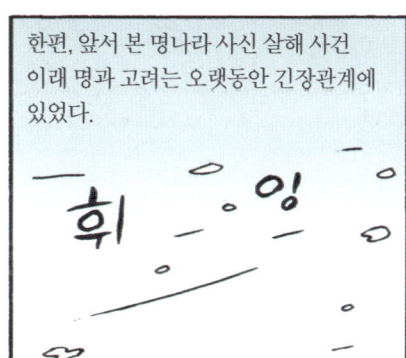

왕과 최영은 결심을 굳힌 뒤 이성계를 불렀다. 그런데,

그의 입에선 작정한 듯이 보이는 이른바 4불가론이 거침없이 흘러나왔다.

첫째, 작은 나라가 큰 나라를 침이 옳지 못하고,
둘째, 여름에 군사를 일으킴이 옳지 못하며,
셋째, 왜구들에게 빈틈을 보이게 되고,
넷째, 장마철인 까닭에 활에 입힌 아교는 풀어지고 전염병의 우려가 있어 옳지 못합니다.

그 내용으로 보나 전후 정황으로 보나 이 4불가론은 이성계의 집을 드나드는 정도전을 필두로 한 개혁적 신진 사대부들의 아이디어였으리라.

이후 최영의 행동은 참으로 이해하기가 어렵다.

권력의 다른 한 축이자 요동정벌에서
그 역할이 막중할 수밖에 없는 이성계를
설득도 하지 않은 채.

흔들리는 왕을 바로잡고 나자,

다른 말씀은
듣지 마시옵소서.
성공할 것이옵니다.

아...
알았습니다.

곧바로 요동 정벌 구상을 밀고 나갔다.
군사를 모으고 총동원령을 내려

지휘체계도 세웠다. 8도 도통사 최영, 좌군 도통사 조민수,
우군 도통사 이성계.

조민수는 제거된
이인임 계열의 보수파다.
그를 통해 이성계를
견제할 수 있다고
생각했던 것일까?

왕과 최영은 돌이킬 수 없는
실수를 하고 만다.

전하!

아니 됩니다.

선왕께서 변을 당한 것도
경이 남쪽(제주도)으로 정벌을
나가버렸을 때 아닙니까?
경이 가면 어찌합니까?

징
징…

제3장 위화도회군 139

여전히 철없는 왕이었고,
가지 마세요. 내 곁에 있어 주세요.

무모한 최영이었다. 왕의 철없는 소망을 들어준 것이다. 그렇게 총사령관은 남은 채 정벌군이 떠났다.

끝까지 4불가론을 고수하는 이성계에게 동원 가능한 모든 군사를 주어 보내고 자신은 남았으니…….

그렇게까지 이성계를 믿었던 때문일까?

일찍이 왕에게 이성계를 헐뜯는 이들이 있었다.
전하! 이성계를 너무 믿지 마시옵소서.

최영은 이렇게 변호했다.
이 장군은 나라의 기둥이옵니다. 나라에 위급한 일이 생기면 누구를 부르겠습니까?

그렇게 한결같이 이성계를
옹호하고 아꼈던 최영이다.
정녕 그래서였을까?

아무튼
4만여 정벌군은
요동으로 떠났다.

제3장 위화도회군 141

말머리를 돌리다

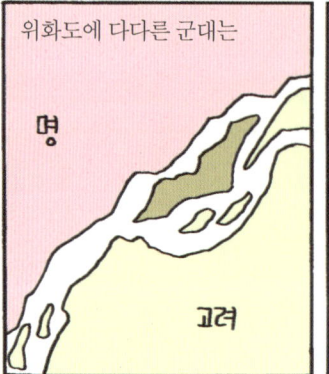

하여 발길을 돌리니 유명한 위화도회군이다.
회군은 질서정연하게 천천히 이루어졌다. 마치 개선군처럼.

때를 맞춰 이성계의 가족은 일종의 볼모로 왕의 처소에 있다가 소리 없이 이성계군 쪽으로 달아났다. 회군이 사전에 계획된 것이었음을 보여주는 사례라 하겠다.

최영은 남아 있는 최소의 군사들을 가지고도 이들 반란군을 제법 괴롭혔다.
그러나 어차피 상대가 될 수 없는 게임이다.

그러나 그것도 잠시, 회군 세력에게 최영은 존재 자체가 부담이다.

최영의 공은 비록 크지만 죄는 더욱 커서 공이 죄를 가리지 못합니다. 마땅히 베어야 합니다.

그러하옵니다.

결국 참수되고 만다.
죽는 순간에도 말이나 얼굴색이 조금도 변하지 않았다고
《고려사》는 전한다.

소식이 전해지자 시장은 문을 닫고,

사람들은 모두 눈물을 흘렸다.

선죽교
고려 태조 왕건이 개성의 시가지를 정비할 때 만들어진 다리.
원래 이름은 '선지교'였는데, 정몽주가 살해당한 후 그 자리에서
대나무가 자랐다고 해서 '선죽교'라 불리게 됐다.

제4장

고려를 지켜라

조민수와 이색

왕은 폐위되어 강화로 유배되었다.

회군의 한 축이요, 지금은 좌시중인 조민수.

회군할 때 이성계와 약속한 게 있었다.
"금상을 폐하고 나면 금상의 자식이 아닌 다른 종친 중에서 후계를 세웁시다."
"그… 그럽시다."

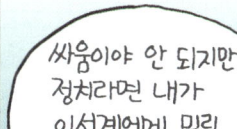
욕심이 생겼던 걸까?

약속과는 다른 행동을 한다.
"후계는 어찌함이 옳을는지?"
"그야 순리대로 해야겠지요."

'싸움이야 안 되지만 정치라면 내가 이성계에게 밀릴 이유가 없지.'

"선왕의 장자를 세움이 순리가 아니겠습니까?"

"아! 공께서도 그리 생각하십니까?"

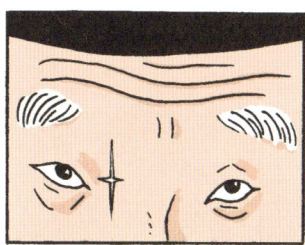

*보령(寶齡): 임금의 나이.

창왕을 몰아내다

비록 후계 문제 결정에서 이색, 조민수에게 한 방 먹었지만,

실권은 여전히 이성계 측에 있었다. 권력의 요소요소에는 이성계 세력이 들어앉았다.

그와 함께 종군하면서 공을 세운 이지란(퉁두란) 등의 무장들.

회군의 막전막후를 연출했을 것으로 추정되는 정도전, 남은, 윤소종 등과

그들의 열혈 후배들,

그리고 또 한 사람 조준!

권문세가 출신인데도 음서가 아닌 과거를 통해 벼슬을 시작했으며,

왜구 토벌에도 공이 컸다.

강직한 성품으로 이름이 높았는데, 회군 후 이성계를 만나보고는

그의 사람이 되었다.
우조준 좌도전

이성계의 천거로 대사헌에 오르더니 상소 한 방으로 조민수를 날려버린다.

옛날 방식으로 땅 욕심을 부리다가 탄핵된 것.
조 시중을 삭탈관직하고 유배형에 처하노라.

창왕을 세우고는 자만했던 탓이다. 그러지 않고서야 막강한 정적을 앞에 두고서 어떻게 그런 한심한 행동을 했겠는가?
바보!

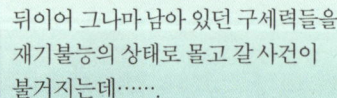
뒤이어 그나마 남아 있던 구세력들을 재기불능의 상태로 몰고 갈 사건이 불거지는데……

최영의 친척인 김저와 정득후란 자가

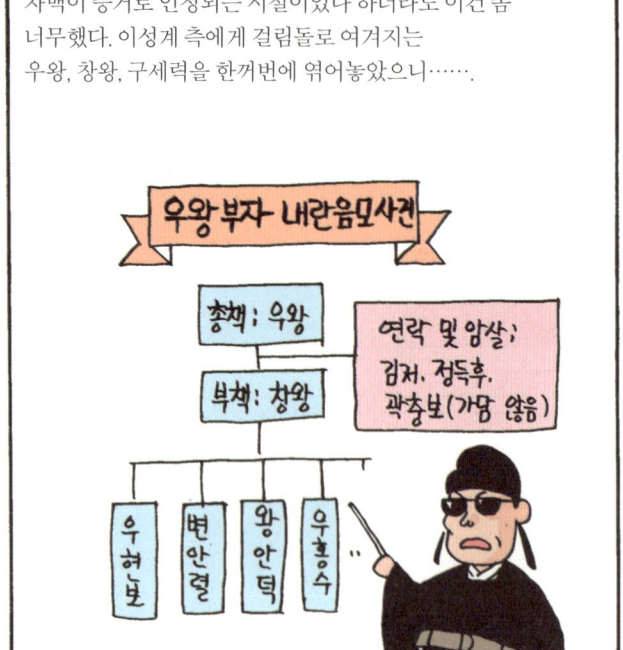

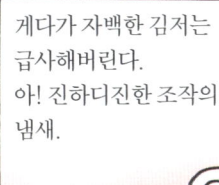

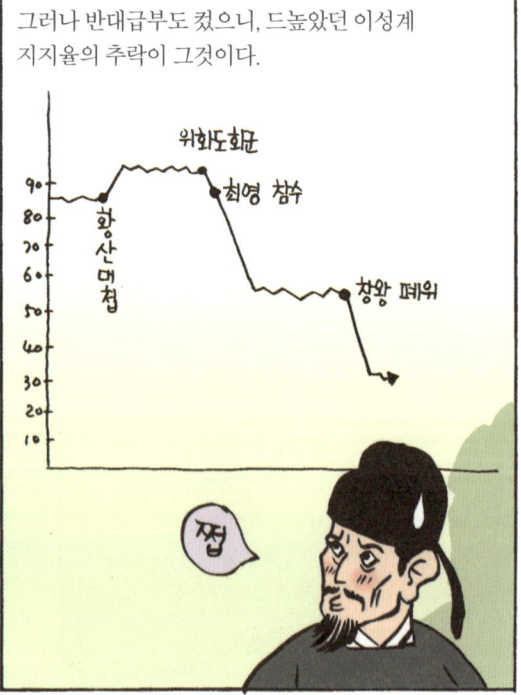

토지개혁을 실시하다

만만찮은 공양왕

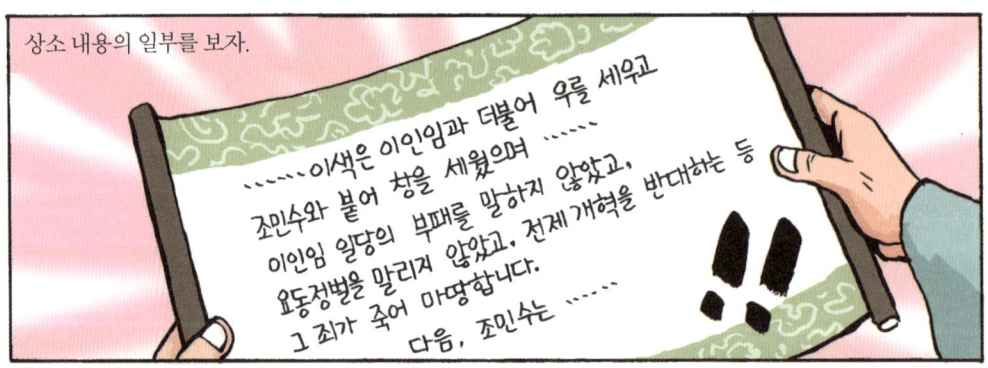

*폐서인(廢庶人): 왕족이나 양반 등의 높은 지위나 벼슬을 빼앗아 서민으로 만듦.

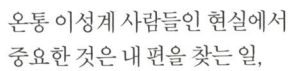

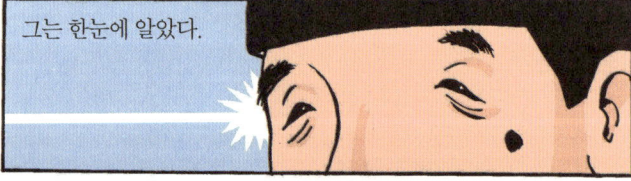

* 사전(私田): 개인이 세금을 받을 권리가 있는 논과 밭.

고려를 지키려는 자

한 줄기 서광이었다.

정몽주, 자는 달가요. 호는 포은이다.

이색학원에서 공부했는데 단연 출중했다.

스승인 이색은 그를 이렇게 말했다.

달가야말로 이 나라 이학(理學)의 원조! 그의 말은 어떤 말이든 이치에 닿지 않는 게 없다.

일찌감치 과거에 장원급제했는데

세 번의 시험에서 세 번 모두 장원이었나.

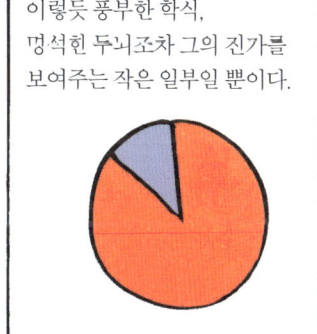
이렇듯 풍부한 학식, 명석한 두뇌조차 그의 진가를 보여주는 작은 일부일 뿐이다.

원 사신 접대 문제로 신진 세력이 이인임 정권과 한판 붙었을때 그는 선두에 섰고,

원과의 화친책을 중단하고 원 사신을 추방하소서.

유배되었다.

*이학(理學): 성리학.

이제부터 생사를 걸고 싸우게 될 이성계 쪽과는 각별한 관계를 유지해왔다.

이성계와 그의 인연은 이성계-정도전의 관계보다도 20년이나 일찍 시작되었다.

초년 관료 시절 이성계 부대에 배속되어 참전했던 것을 시작으로,

황산대첩에서 승리를 거둘 때도 이성계 밑에 있었다.

둘은 서로 좋아했고 존경했다.

정도전과의 관계는 더욱 돈독하여, 선후배를 떠나 (정몽주가 5년 선배이다.) 뜻을 함께하는 동지로서 서로를 믿고 아껴온 사이.

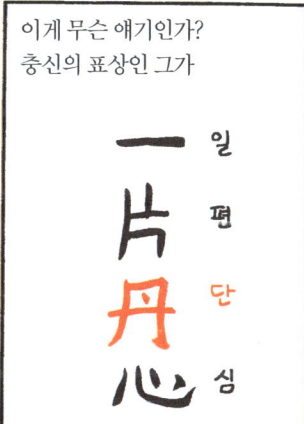

정몽주의 반격

그러나 정몽주는 달랐다.

이색, 이숭인, 우현보, 심덕부, 이종학 등 이색 계열과 구세력들을 대거 유배지에서 불러들여서는

삽시간에 조정의 요직들을 장악해버렸다. 이로 인해 조정은 뚜렷이 이성계 세력과 정몽주 세력으로 나뉘었다.

어떻게 이런 일이 가능했을까?

이제 좀 살겠군.

이는 정몽주가 이성계의 속마음을 완전히 읽고 있었기에 가능한 일이었다.

잉? 뭔 소리야?

단지 권력만을 탐하는 무장이었다면 궁궐을 둘러싸고 한바탕 무력시위라도 할 만한 상황이다.

그럴 리는 없지.

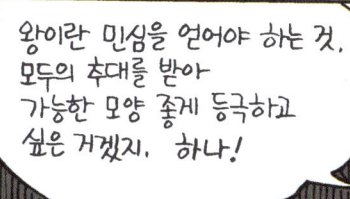

고려를
지키려는 자와
무너뜨리려는 자의
마지막 승부가
다가오고 있었다.

만월대
개성의 송악산 기슭에 위치한 고려의 궁궐터. 1361년 홍건군의 침입으로
불타버리고, 지금은 주춧돌과 계단만 남아 있다.

제5장

역성혁명

위기의 이성계

*편전(便殿): 왕이 평소에 머무르는 궁전.

일찍이 정도전은 정몽주를 일러 '도덕의 으뜸'이라고 불렀다. 그 정몽주가 정도전 등을 가장 비도덕적인 방법으로 죽여버리려 한다.

한 번 빈틈이 엿보이면 쉴 새 없이 몰아치는 정몽주의 공세에

난공불락 같던 이성계 권력이 머지않아 무너질 것처럼 보였다.

그러나 그런 일은 일어나지 않았다. 이성계에게는 또 하나의 날개가 있었기 때문이다.

그의 다섯째 아들, 스물여섯 살의 이방원.

모친상을 당해 3년 여막살이를 하고 있던 그가 서둘러 아버지가 있는 벽란도로 달려갔다.

제5장 역성혁명 191

어차피 뽑아든 칼, 정몽주 세력은 계속하여 정도전 등을 목 베라고 압박하고,

이성계는 사람을 보내 정도전 등의 유배 조치에 강력히 항의했다.

왕은 양자 사이에서 눈치를 보며 중립을 지키는 것처럼 행동하지만 사실은 명백히 정몽주를 편들고 있었다.

선죽교의 피

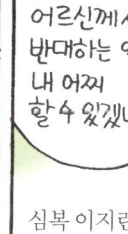

제5장 역성혁명

다시 정리해보자. 상대는 고려의 군권을 한 손에 틀어쥔 최강의 실력자.

그런 이성계를 상대로 어떻게 여기까지 왔을까?

그가 결코 무리수를 둘 리 없다는 판단을 믿어서였다.

그렇지 않다면 애당초 이성계와 맞서는 것 자체가 불가능한 일이었다.

그런데 저쪽에서 무리수든 뭐든 쓰겠다는 결심이라면,

그깟 경호원 몇 명이 그걸 어찌 막을쏜가. 할 수 있는 일은 다했고, 어디 어떻게 흘러가나 한번 보자. 이런 생각을 했던 게 아니었을까?

"이 시중께선 좀 어떠신가?"

제5장 역성혁명 197

절친한 벗이자 현재로서는 적대적인 두 당의 영수가 아무 일 없었다는 듯이 웃으며 환담하는 사이,

이방원네들은 결심을 다지고 있었다.

이 몸이 죽어 죽어 일백 번 고쳐 죽어
백골이 진토 되어 넋이라도 있고 없고
임 향한 일편단심이야 가실 줄이 있으랴.

1392년 4월. 개경 선죽교.
그의 나이 56세였다.

고려 멸망 카운트다운

과거에 급제하여 변방의 촌놈 출신이라는 콤플렉스를 덜어준 아들.

판단이 빠르고 정확한 데다 결단력이 뛰어나 일을 맡겨놓으면 안심이 되었다.

이번 일만 해도 그렇다. 아들의 냉혹한 결단이 없었다면 모든 것이 물거품이 되어버렸을지 모른다.

그래, 그건 인정하지. 하나……

그러나 이때부터 아들에 대한 아비의 신뢰엔 금이 가기 시작했으니,

고얀 놈이다!

아마도 이렇게 생각했던 게 아닐까.

정녕 나를 위해서였다면 소리 없이 해치웠어야 할 일이거늘 마치 행사 치르듯 한 건 무슨 꿍꿍인가?

사삭

내가 반대할 수밖에 없는 걸 뻔히 알면서 나한테 미리 알리고,

정몽주를 kill 할게요.

형제, 삼촌, 매형, 내 심복들에게까지 알린 다음,

정몽주를 죽여야 함다.

그것도 보란듯이 오가는 이 많은 선죽교에서 일을 벌여? ……

죽여랏!

정몽주는 참수되어 개경 거리에 내걸렸다. 그의 죽음과 함께 500년 고려 왕조는 사실상 막을 내렸다. 그를 대체할 인물도 없었을뿐더러,

걸리적거리면 테러까지 불사하는 슈퍼파워 이성계 세력 앞에 저항 의지가 솟아나긴 어려웠으리라.

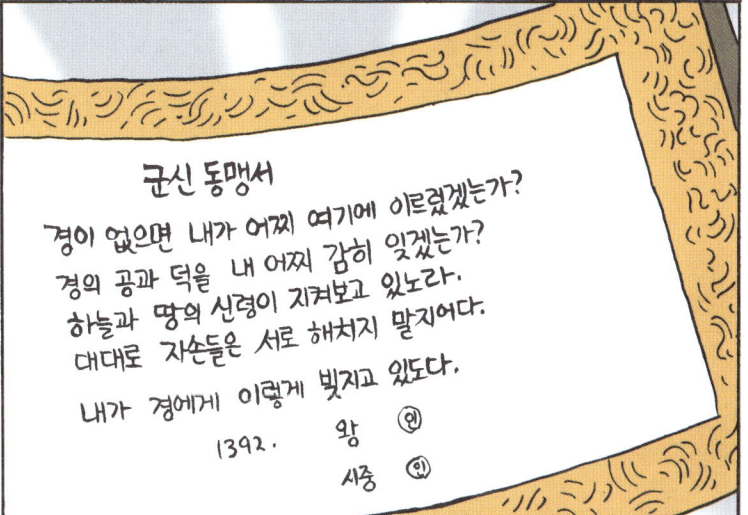

이성계, 왕이 되다

1392년 7월 16일 대비로부터 옥새가 전해지고,

신료들은 그 옥새를 받들어 이성계 집을 찾았다.

이성계의 정치적 동지, 인척 등의 측근들, 눈치를 보다 뒤늦게 줄 선 이들, 마음속으론 반대하지만 어쩔 수 없게 된 이들까지 한목소리로 외쳐대고 있다. 이러기를 벌써 몇 시간째,

이성계는 사양의 뜻으로 문을 열어주지 않았다.

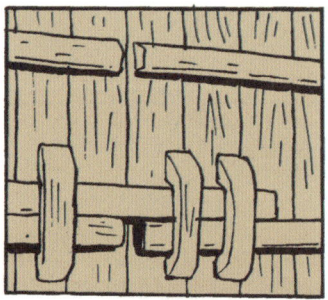

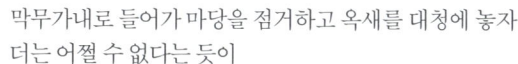

막무가내로 들어가 마당을 점거하고 옥새를 대청에 놓자 더는 어쩔 수 없다는 듯이

이성계가 부축을 받으며 나왔다.

이러지들 마오. 나는 덕이 부족하여...

몇 번씩 사양하는 모습을 보인 뒤,

마지못한 듯 승낙했다.

피를 보긴 했지만 왕조 교체라는
대사를 고려해볼 때 그 정도는
최소한의 유혈이라 해도 좋으리라.
그만큼 세련된 과정이었다.

이제 남은 절반의 꿈.
가슴속에 품어온 이상을 실현하기 위해
힘을 쏟을 차례다.
승리자의 얼굴은 저마다 자부심과
미래에 대한 낙관으로 빛났겠지만
내일의 운명을 누가 알까?

작가 후기

드디어 1권이 끝났다. 집 밖으로 뛰어나가 환호성이라도 지르고 싶을 만큼 기쁘다. 총 20권을 향한 긴 마라톤이지만 시작이 반이라지 않는가? 아자!

작업 순서를 간략히 소개하면 다음과 같다.

먼저 관련된 참고서적들을 섭렵한다. 그런 다음 전체의 얼개를 짜고 주요인물들에 대해 그려본다. 생김새며 성격이며……. 그리고는 《조선왕조실록》(1권의 경우는 《고려사》가 주가 되지만)을 탐사하기 시작한다. 탐사하면서 계속 구상을 하고 작품에 옮겨질 만한 항목들은 노트에 기록한다. 이 과정에서 처음 세웠던 얼개와 인물들의 성격이나 외모, 그릇의 크기 등은 처음의 설정과 많이 달라진다.

《실록》 탐사가 끝나면 다시 얼개를 짜고 기록한 노트를 참조하며 살을 붙여나간다. 그 다음은 콘티 작업이다. 콘티 작업을 마치면 본격적인 원고 작업으로 들어가는데, 이때에도 콘티는 상당히 수정된다. 연필로 밑그림을 그리고 펜과 붓으로 입히면 1차 원고 끝. 그런 다음 스캔을 받아 컬러를 입히고 웹하드에 올리면 대충 마무리된다. 물론 이후에도 교정을 거치는 등 약간의 절차는 남아 있지만.

　작업을 하는 것은 사실 꽤 신명나는 일이었다. 그 같은 상황에서 '나'라면 어찌했을까 하며 상상하다 보면 사건이 더 실감나게 읽히고 인물들의 새로운 면이 보이곤 한다.
　성공한 무장에서 성공한 정치지도자로, 나아가 새 왕조의 창업자로 성장해가는 이성계의 변화, 마흔이 넘은 나이에 청춘 시절의 이상을 실현하기 위해 함주 막사로 찾아가는 정도전의 기상, 한 가닥 가능성에 올인하여 자신의 모든 것을 불태운 정몽주의 투지, 무능과 겁쟁이의 대명사라는 오명을 썼지만 자신이 할 수 있는 한계 안에서 나름대로 최선을 다한 공양왕……. 나로서는 인물들의 재발견이었다.

　내가 느낀 그 신명을 독자 여러분도 함께 느낄 수 있으면 좋겠다.

《개국》 연표

1351 공민왕 즉위년
12월 강릉대군이 원나라에서 돌아와 즉위하여 공민왕이 되다.

1352 공민왕 1년
2월 왕권을 제약하던 정방을 없애다.
9월 왕의 측근이었던 조일신이 반역했다가 다음 달에 죽임을 당하다.

1354 공민왕 3년
7월 원나라의 요구로 군사 2,000명을 보내 홍건군 진압작전에 참가하다. 이때 최영도 참전하여 용맹을 떨치다.

1355 공민왕 4년
5월 원나라에 갔던 사신이 돌아와 남적(홍건군, 반원 세력)이 날로 성하고 있다고 보고하다.
12월 이자춘이 아들 이성계를 데리고 공민왕을 알현하고 충성을 맹세하다.

1356 공민왕 5년
3월 왕이 이자춘에게 동북면으로 돌아가 있다가 변이 있으면 명령에 따를 것을 요청하다.
5월 반원 개혁을 추진하면서 친원파의 거두인 기철을 제거하고, 원의 내정 간섭 기구인 정동행성이문소를 없애다.
6월 원나라의 연호를 사용하지 말도록 하다.
7월 동북면 병마사인 유인우로 하여금 쌍성총관부를 탈환케 하다. 이때 이자춘, 이성계 부자가 내응해서 공을 세우다.
10월 이인복을 원나라에 보내 그간 반원정책으로 확보한 사안들을 추인해달라고 요청하다.

1357 공민왕 6년
1월 보우가 점을 쳐서 한양으로 천도할 것을 권유하다.
2월 이제현에게 명해 한양에 궁궐을 건축케 하다.

1359 공민왕 8년
12월 위평장, 모거경 등이 이끄는 홍건군의 1차 침입이 발생해서 서경까지 함락되다.

1360 공민왕 9년
2월 서경을 탈환하다. 홍건군이 대패하여 도주하다.
윤 5월 왜구가 강화에 침입해서 300여 명을 죽이고 쌀 4만 석을 노략질하다.
7월 한양의 성과과 궁궐을 수리케 하다.
10월 정몽주가 과거에 급제하다.

1361 공민왕 10년
2월 이자춘을 동북면 병마사로 삼다.
4월 동북면으로 돌아온 이자춘이 죽다.
10월 이성계가 독로강 만호 박의의 난을 진압하다.
홍건군이 10만 대군을 이끌고 2차 침입을 시도해서 파죽지세로 다음 달에 개경까지 점령하다.
공민왕은 파주, 광주, 이천, 충주, 안동으로 피란을 하다.

1362 공민왕 11년
1월 20만 명을 동원하여 개경을 포위하고 공방전을 펼치다. 홍건군이 크게 패하고 남은 세력은 도주하다.
이때 이성계도 가병 2,000명을 이끌고 참전하여 적장 관선생을 베는 등 활약하다.
7월 함흥까지 침입한 나하추를 이성계가 물리치다.
12월 원나라가 덕흥군을 고려의 왕으로 삼으려 한다는 정보가 전해지다.

1363 공민왕 12년
1월 공민왕이 개경으로 돌아오다.
윤 3월 김용의 난이 일어나다.
5월 원나라가 덕흥군을 왕으로 삼다.
12월 덕흥군이 요동에 진을 치다.

1364 공민왕 13년
1월 최유와 덕흥군이 이끌고 온 원나라 군대를 최영, 이성계 등이 물리치다.
여진의 삼선, 삼개 등이 함주를 공략하다.
2월 이성계가 함주로 돌아와 삼선, 삼개를 물리치다.
9월 원나라가 공민왕의 복위를 명하다.

1365 공민왕 14년
2월 노국대장공주가 죽다.
5월 신돈을 사부로 삼고 국정을 지휘하게 했으며, 최영을 좌천시켜 계림 윤으로 삼다.

1366 공민왕 15년
4월 이존오가 소를 올려 신돈을 비판하자 왕이 크게 화를 내며 이존오를 좌천시키다.
5월 전민변정도감을 설치하여 토지 개혁, 노비 개혁을 추진하다.

1367 공민왕 16년
12월 성균관을 복구하고 이색으로 하여금 대사성을 맡게 하다.

1368 공민왕 17년
9월 원나라가 패하여 북으로 달아났다는 정보가 들어오다.

반야에게 월 30석씩 쌀을 내리게 하다.

1369 공민왕 18년
4월 명나라 사신이 오다.
5월 명나라 연호를 채택하다.

1370 공민왕 19년
1월 이성계가 기병 5천, 보병 1만을 이끌고 압록강을 건너 동녕부를 치자 동녕부 동지사 이원경이 항복하다.
11월 이성계가 다시 압록강을 건너 요성을 치고 처명을 얻다.
(뒷날 4불가론을 내세우며 위화도에서 회군한 이성계가 두 번이나 압록강을 건너 동녕부를 쳤었다!
그 이유는 원나라가 망하자 기철의 아들이 요동과 심양지역을 다스리던 이들과 더불어 원나라 잔당을 규합한 후 북쪽 변방을 침입하곤 했기 때문이다. 이때 항복했던 중국인 장수 처명은 이후 평생의 친구이자 부하로 이성계와 함께했다.)

1371 공민왕 20년
7월 역모 혐의를 씌워 개혁정책을 이끌던 신돈을 제거하다.

1372 공민왕 21년
10월 자제위를 설치하고 김흥경을 총관으로 삼다. 이성계가 백산과 왕 앞에서 활솜씨를 자랑하다.

1373 공민왕 22년
2월 북원의 사신이 오자 왕이 죽이려 했지만 신하들이 만류하고 되돌려보내다.
9월 왜구가 해주에 침입해 목사를 살해하다.

1374 공민왕 23년
3월 왜구가 경상도에 침입해 병선 40척을 불사르다.
8월 최영이 탐라를 원정하다.
9월 공민왕이 자제위들에게 시해되자 사후 처리를 책임진 이인임이 우왕을 세우다.
10월 신돈 일당을 사면하다.
11월 명나라 사신 채빈 살해 사건으로 명과의 관계가 경색되다.

1375 우왕 1년
5월 정도전이 북원 사신을 접대하라는 명령을 거부하고 도리어 북원 사신을 베겠다며 이인임 정권의 친원정책에 반대했다가 유배되다.
8월 서운관에서 수도를 옮길 것을 제안했으나 최영 등의 반대로 포기하다

1376 우왕 2년
3월 우왕의 생모인 반야가 태후궁에 들어가 자신이 왕의 친모라고 주장했다가 이인임에 의해 임진강에 수장되다.
7월 최영이 60대의 몸으로 홍산에서 왜구를 크게 격파하다.(홍산대첩)

1377 우왕 3년
10월 최무선의 건의에 따라 화통도감을 설치하다.

1378 우왕 4년
4월 왜구가 개경으로 쳐들어오자 최영과 이성계가 물리치다.

1380 우왕 6년
이 해부터 도성 안에서의 닭 사냥, 개 사냥, 길에서 만난 미녀 간음 등 우왕의 일탈행동이 자주 보인다.

4월 명나라에 갔던 고려 사신이 그곳에서 유폐되다.
8월 근비가 창을 낳다.
왜적 500척이 진포에 머물며 남도에 들어와 노략질을 하고 유례없는 잔혹 행위를 하다.
9월 이성계가 남원 운봉에서 왜구를 대파하고(황산대첩) 돌아오니 최영이 직접 교외로 나가 환영하다.
10월 유폐되었던 고려 사신이 풀려나 귀국하다.

1381 우왕 7년
2월 이인임이 문하시중을, 최영이 수문하시중을 맡다.
8월 한양으로 수도를 옮기는 문제를 논의하다.

1382 우왕 8년
4월 화척이 왜구로 가장하여 난을 일으키자 진압하다.
7월 동북면 도지휘사 이성계에게 동북면에 들어와 노략질하는 호발도를 치고 인민을 위무하라고 명하다.
12월 날이 저물어도 왕이 돌아오지 않자 신료들이 왕이 어디로 갔는지 알 수 없어 걱정하다.

1383 우왕 9년
이 해에 정도전이 함주 막사로 이성계를 찾아가 의기투합하다.
4월 이방원이 과거에 급제하다.
8월 이성계가 호발도를 물리치고 정도전이 작성한 것으로 추정되는 '안변지책'을 올리다.
9월 이성계가 개경으로 돌아오다.

1384 우왕 10년
7월 정몽주가 정도전을 서장관으로 삼아 명나라에 사절로 가다.

1385 우왕 11년
왕이 기생들과 말을 나란히 하여 사냥을 다니고, 길을 가다 말을 빼앗아 기생을 태우는 등의 행동이 잦아지다.
말에서 떨어지기도 하다.

1386 우왕 12년
2월 정몽주를 명나라에 보내 조복과 편복을 청하다.

1387 우왕 13년
8월 이인임이 노환으로 사임하다.
11월 우왕이 자주 정비(뒷날 공양왕을 폐하고 이성계를 새 임금으로 삼은 이다.)의 처소에 찾아가니 추한 소문이 일어나다.

1388 우왕 14년
1월 최영과 이성계가 손을 잡고 우왕의 명을 좇아 염흥방, 임견미 일당을 죽이다.
최영이 문하시중에, 이성계가 수문하시중에 임명되다.
2월 명나라가 철령 이북의 땅을 요구하다.
왕과 최영이 명나라를 치기로 은밀히 의논하다.
3월 최영의 딸을 비로 삼고 최영의 집에서 잔치를 열다.
명나라가 강계에 철령위를 설치하려 하다.
해주에 사냥을 간다는 명목으로 군사를 징발하고, 요동정벌을 개시하다.
4월 봉주에 이르러 최영과 이성계에게 요동정벌을 말하다. 이에 이성계는 4불가론을 제시하며 반대하다.

평양에 이르러 지휘부를 편성하여 최영이 8도 도통사, 조민수가 좌군 도통사, 이성계가 우군 도통사가 되다.
5월 이성계와 조민수가 위화도에 머무르다가 전격적으로 회군하다.
6월 회군 세력이 최영을 유배 조치하고 조정을 장악하다.
조민수를 좌시중에, 이성계를 우시중에 임명하다.
우왕이 내시 80명을 무장시켜 이성계 등의 집을 습격했으나 실패하다.
우왕이 영비(최영의 딸) 등과 함께 강화도에 유배되다.
조민수가 이색과 손을 잡고 우왕의 아들인 창을 왕으로 세우다.

1389 창왕 1년
11월 김저, 정득후가 우왕의 부탁을 받고 이성계 암살을 시도했으나 실패하다.
이성계, 심덕부, 정몽주, 정도전, 조준, 지용기, 설장수, 성석린, 박위 등 이른바 흥덕사 9공신이 흥덕사에 모여 폐가입진의 논리를 내세우며 정창군 요를 새 왕으로 추대하다.(공양왕)

1389 공양왕 1년
12월 우왕과 창왕을 죽이고, 최영을 참수하다.
이색, 이종학, 조민수, 이숭인, 하륜 등을 유배시키다.

1390 공양왕 2년
이색, 권근, 이숭인 등을 둘러싼 공방이 계속되다.
2월, 11월, 12월. 이성계가 사직을 청하고 왕은 만류하다.
6월 윤이와 이초의 무고 사건이 일어나다.

11월 정몽주를 수문하시중에 임명하다.

1391 공양왕 3년
1월 대비의 생일을 맞아 이숭인, 하륜, 권근 등을 사면하다.
3군 도총제부를 설치하고 이성계가 지휘권을 장악하다.(삼군 도총제사에 이성계, 좌군 총제사에 조준, 우군 총제사에 정도전이 임명되다.)
3월 이성계를 문하시중에 임명하다.
5월 과전법을 제정하다.
9월 정도전이 정몽주파의 탄핵을 받고 유배되다.

1392 공양왕 4년
3월 이성계가 사냥을 나갔다가 말에서 떨어지는 사고를 당하다.
4월 정몽주파의 총공격으로 조준, 남은 등도 유배되다.
이성계가 집으로 돌아오다.
이방원이 아버지 이성계의 반대를 뒤로 하고 수하를 시켜 정몽주를 암살하다.
7월 공양왕이 이성계와의 군신동맹을 맺으려 하다.
배극렴, 남은 등이 대비를 압박하여 공양왕을 폐하다.
7. 17.
이성계를 새 왕으로 추대하다.

조선과 세계

조선사

- 1351 공민왕 즉위
- 1352 공민왕, 몽골식 변발 금지
- 1354 최영, 홍건군 진압작전에 참전
- 1355 이성계, 공민왕 알현
- 1356 이성계 부자, 쌍성총관부 탈환
- 1357 한양에 궁궐 건축
- 1358 왜구의 침입
- 1359 홍건군의 1차 침입
- 1360 정몽주, 과거 급제
- 1361 홍건군의 2차 침입
- 1362 탐라에서 민란 발생
- 1363 문익점, 원에서 목화씨를 가져옴
- 1364 이성계, 화주·함주 지방 수복
- 1365 공민왕, 신돈을 개혁의 대표로 임명
- 1366 토지개혁, 노비개혁 추진
- 1367 성균관 복구
- 1368 원, 폐주하여 북으로 달아남
- 1369 명, 연호 채택
- 1370 이성계, 동녕부 공격
- 1371 신돈, 유배되었다 처형
- 1372 자제위 설치
- 1373 해주에 왜구 침입
- 1374 우왕 즉위
- 1375 정도전 유배
- 1376 홍산대첩
- 1377 화통도감 설치
- 1378 최영과 이성계, 왜구 물리침
- 1380 황산대첩
- 1381 권문세족의 대표 이인임이 집권
- 1382 화척 침입
- 1383 정도전과 이성계, 의기투합
- 1384 정몽주와 정도전, 명 방문
- 1385 우왕의 일탈행동
- 1386 정몽주, 명에 조복과 편복 청함
- 1387 우왕, 관리 복장을 명의 제도에 따르도록 함
- 1388 위화도회군
- 1389 박위, 쓰시마 섬 정벌
- 1390 이성계 사직, 왕은 만류
- 1391 정도전 탄핵
- 1392 이성계, 새 왕으로 추대

세계사

- 러시아, 흑사병 유행
- 원, 곽자흥, 군사를 일으킴
- 신성로마제국, 카를 4세, 이탈리아 원정
- 모로코, 이븐 바투타, 여행기 완성
- 영국, 푸아티에 전투
- 오스만튀르크, 갤리볼루 점령
- 프랑스, 자크리의 농민 반란
- 원, 진우량의 서수휘 격퇴
- 백년전쟁 일시 휴전
- 덴마크, 한자동맹 함대 격파
- 카이로, 술탄 하산 모스크 건립
- 원, 진우량이 주원장에게 패사
- 프랑스, 샤를 5세 즉위
- 부다페스트 대학 창립
- 오스만튀르크, 아드리아노플로 천도
- 오스트리아, 대학 창설
- 명, 주원장이 명을 건국
- 중앙아시아, 티무르제국 성립
- 오스트리아, 제지공장 건설
- 명, 요동지방 장악
- 프랑스, 라로셸 해전에서 영국군 격파
- 명, 과거제 정지하고 6과 급사중 설치
- 교황청, 영국 왕을 아비뇽으로 불러들임
- 명, 전국에 사학 설립
- 잉글랜드, 종교개혁 시작
- 교황청, 아비뇽유수 종료
- 교황청, 교회 대분열
- 프랑스, 샤를 5세, 연금술 금지령 공포
- 영국, 와트 타일러의 농민 폭동
- 명, 과거제도 다시 설치
- 영국, 위클리프 성서 영역
- 폴란드, 야드비가 즉위
- 유럽, 봉건적 토지 소유 해체
- 스위스, 젬파하 전투에서 오스트리아 격파
- 명, 원의 나하추 공격
- 신성로마제국, 도시전쟁 재개
- 오스만튀르크, 코소보 전투
- 일본, 도키 야스유키의 난 평정
- 북원, 명에 항복하고 멸망
- 일본, 무로마치 막부의 아시카가 요시미쓰가 남북조 통일

The Veritable Records of the Joseon Dynasty

In the Joseon Dynasty, there were always officials who followed and monitored the king. They slept in the room adjacent to where the king slept, and they attended every meeting the king held. The king could not go hunting or meet a person secretly without these officials being present.

These officials were called 'Sagwan,' and they observed and recorded all details of daily events involving the king in turns, things that the king said, and things that happened to him. The drafts created by them were called 'Sacho.' Even the king himself was not allowed to read those drafts, and the compilation process only began after the king's death.

When the king passed away, the highest ranking governmental official would be appointed as the chief historical compiler. A research team would collect all the drafts and relevant supporting materials, select important records with historical significance, and organize them in a chronological order. The finished product was usually called 'Sillok,' which means veritable records.

The Veritable Records of the Joseon Dynasty features a most magnificent scale, as it is a record of all the events that occurred over 472 years, from the reign of King Taejo to the reign of the 25th King Cheoljong (1392~1863). It consists of 1,893 volumes and 888 books (total of 64 million Chinese characters). It was registered as a World Cultural Heritage in Records, by UNESCO in 1997.

Source: A Korean History for International Readers, Humanist, 2010.

Summary
The Founding of a Dynasty

Dreaming of a New World

The Yuan Dynasty's sharp decline in power caused turbulence in the East Asian political arena. The Goryeo Dynasty, which was under Yuan's sphere of influence, also witnessed a drastic change of affairs as a result of a series of invasions that ravished the countryside: Goryeo was raided from the north by the Red Turbans, the Jurchens, and Yuan forces and, from the south, by Wakō pirates. The people grew restless continually fleeing the miserable war conditions of that time period. Goryeo's crisis, in turn, became an opportunity for Yi Seonggye.

Yi Seonggye was a nameless general in the periphery of the political scene. He did not have a prestigious family name, nor had he passed the state examination. Yi nonetheless was a military genius who demonstrated brilliant leadership, as well as exceptional strategic acumen and combat skills. After winning several battles, Yi Seonggye rose in reputation and gained the people's trust, statewide.

However, the crisis of Goryeo was not solely caused by foreign invasions. Influential families, which had—over centuries—amassed power, wealth and their own private armies, were rapaciously exploiting the people. The impoverishment that resulted also contributed to the decline of the dynasty's spirit and wealth.

Calls for reformation came from the newly rising Confucian literati, but reformation was more easily said than done. From among the literati circle, Jeong Dojeon formed a plan to usher in dynastic change and laid out a new system of public foundations designed to solve the structural problems of Goryeo.

The strategist of the dynastic change, Jeong Dojeon, arranged a meeting with the military genius Yi Seonggye. This was the moment when ideology and power merged, allowing the sprouting of a new dynasty: Joseon.

세계기록유산, 《조선왕조실록》

《조선왕조실록》이란?

　　《조선왕조실록》은 국보 제151호이자 유네스코 세계기록유산(1997년 지정)으로 조선 건국에서부터 철종까지 472년간을 편년체로 서술한 역사 기록물이다. 총 1,893권, 888책이며, 한글로 번역할 경우 300여 쪽의 단행본 400권을 훌쩍 넘는 분량이다. 철종 이후의 기록인 《고종실록》과 《순종실록》도 있으나 이것은 일본의 지배하에 편찬된 터라 통상 《조선왕조실록》으로 분류하지 않는다. 《단종실록》, 《연산군일기》, 《선조실록》, 《철종실록》처럼 기록이 부실한 경우도 있는데 정변이나 전쟁, 세도정치라는 시대 상황이 낳은 결과이다. 또한 《선조수정실록》, 《현종개수실록》, 《숙종실록보궐정오》, 《경종수정실록》처럼 뒷날에 집권한 당파의 요구에 의해 새로 편찬된 경우도 있다. 하지만 원본인 《선조실록》, 《현종실록》, 《숙종실록》, 《경종실록》을 폐기하지 않고 함께 보존함으로써 당대를 더욱 정확히 알게 해준다. 이렇듯 《조선왕조실록》은 그 기록의 풍부함과 엄정함에 더해 놀라운 기록 보존 정신까지 보여주는 우리 선조들의 위대한 유산이다.

《조선왕조실록》은 어떻게 기록되었나?

　　조선은 왕이 사관이 없는 자리에서 관리를 만나는 것을 엄격히 금지했다. 또한 왕은 원칙적으로 사관의 기록(사초)을 볼 수 없었다. 신하들도 마찬가지여서 실록청 담당관을 제외하고는 누구도 볼 수 없었다. 그래서 사관들은 왕이나 권력자의 눈치를 보지 않고 보고 들은 일들을 있는 그대로 기록할 수 있었다. 왕이 죽으면 실록청이 만들어지고 모든 사관의 사초가 제출된다. 여기에 여타 관청의 기록까지 참조하여 실록이 편찬된다. 해당 실록이 완성되고 나면 사초는 모두 물에 씻겨졌다(세초). 이렇게 만들어진 실록은 여러 곳의 사고에 나누어 보관되는데, 이 또한 후대 왕은 물론 신하들도 열람할 수 없도록 했다. 선대의 왕들에 대한 기록이나 평가로 인해 필화 사건이 생기지 않도록 한 것이다. 이 같은 원칙들이 철저히 지켜졌기에 《조선왕조실록》이 오늘날까지 존재할 수 있었다.

도움을 받은 책들

《국역 조선왕조실록 CD-ROM》, 서울시스템주식회사, 1995.
《국역·원전 고려사 CD-ROM》, 서울시스템주식회사, 2000.
김희영, 《이야기 중국사》 1, 청아출판사, 1986.
박영규, 《조선의 왕실과 외척》, 김영사, 2003.
박영규, 《한 권으로 읽는 조선왕조실록》, 들녘, 1996.
변태섭, 《한국사통론》, 삼영사, 1986.
신명호, 《조선의 왕》, 가람기획, 1998.
윤정란, 《조선의 왕비》, 차림, 1999.
이덕일, 《사화로 보는 조선 역사》, 석필, 1998.
이성무, 《조선왕조사》 1, 동방미디어, 1998.
이이화, 《이야기 인물 한국사》 5, 한길사, 1993.
이이화, 《이이화의 한국사 이야기》 8, 한길사, 1999.
이이화, 《이이화의 한국사 이야기》 9, 한길사, 2000.
이재황, 《재편집 조선왕조실록》 1, 청간미디어, 2001.
임용한, 《조선 국왕 이야기》, 혜안, 1998.
장영훈, 《왕릉풍수와 조선의 역사》, 대원미디어, 2000.
조유식, 《정도전을 위한 변명》, 휴머니스트, 2014(초판 푸른역사, 1997).
최범서, 《야사로 보는 조선의 역사》 1, 가람기획, 2003.
한국고문서학회, 《조선시대 생활사》, 역사비평사, 1996.

박시백의 조선왕조실록 1 개국

1판 1쇄 발행일 2003년 7월 13일
2판 1쇄 발행일 2015년 6월 22일
3판 1쇄 발행일 2021년 3월 15일
4판 1쇄 발행일 2024년 6월 24일
4판 2쇄 발행일 2024년 9월 2일

지은이 박시백

발행인 김학원
발행처 (주)휴머니스트출판그룹
출판등록 제313-2007-000007호(2007년 1월 5일)
주소 (03991) 서울시 마포구 동교로23길 76(연남동)
전화 02-335-4422 **팩스** 02-334-3427
저자·독자 서비스 humanist@humanistbooks.com
홈페이지 www.humanistbooks.com
유튜브 youtube.com/user/humanistma **포스트** post.naver.com/hmcv
페이스북 facebook.com/hmcv2001 **인스타그램** @humanist_insta

편집주간 황서현 **편집** 최인영 박나영 강창훈 김선경 이영란 **디자인** 김태형 **사진** 권태균 **영문 초록** 윤권교
번역 감수 김동택 David Elkins **조판** 프린웍스 **용지** 화인페이퍼 **인쇄** 삼조인쇄 **제본** 해피문화사

ⓒ 박시백, 2024

ISBN 979-11-7087-163-7 07910
ISBN 979-11-7087-162-0 07910(세트)

- 이 책은 저작권법에 따라 보호받는 저작물이므로 무단 전재와 무단 복제를 금합니다.
- 이 책의 전부 또는 일부를 이용하려면 반드시 저자와 (주)휴머니스트출판그룹의 동의를 받아야 합니다.

- **위화도 회군**
  4불가론을 제시하며 요동 정벌을 반대한 이성계, 위화도에서 회군
  최영 체포, 우왕 폐위

- **공양왕 추대**
  폐가입진의 논리로 공양왕을 새 왕으로 세움

- **과전법 제정**

- **태조 이성계 추대**

| 1388 (우왕 14) | 1388 (창왕 즉위년) | 1389 (창왕 1) | 1389 (공양왕 1) | 1391 (공양왕 3) | 1392 (공양왕 4) |

- **요동 정벌**
  명이 철령 이북 땅을 요구하자, 우왕이 요동 정벌을 명함

- **창왕 즉위**

- **최영 처형**

- **정몽주 사망**
  역성혁명을 막기 위해 공양왕과 손잡고 이성계 세력과 대립하다, 이방원에 의해 피살

조선왕조실록 가계도 및 주요 인물
개국

( ) 이름, 재위년 생몰년   ══ 배우자 | 직계

목조(이안사)

익조(이행리)

도조(이춘)

환조(이자춘)

34대 공양왕 恭讓王
(요瑤, 1389~1392
1345~1394) ---- 1대 태조 太祖
(성계成桂→단旦, 1392~1398
1335~1408) ══ 신의왕후 한씨
1337~1391

조선왕조

— 진안대군 방우
— **영안대군 방과(2대 정종)**
— 익안대군 방의
— 회안대군 방간
— **정안대군 방원(3대 태종)**
— 덕안대군 방연
— 경신공주
— 경선공주

정몽주

역성혁명의
조력자

정도전   조준

조선왕조실록 연표
개국

- 공민왕 즉위
- 성균관 복구
  이색, 성균관 대사성 임명
- 신돈 처형
  개혁정책 이끌던 신돈,
  역모 혐의로 제거
- 이성계와
  정도전의
  만남

1351	1356	1367	1368	1371	1374	1383
(공민왕 즉위년)	(공민왕 5)	(공민왕 16)	(공민왕 17)	(공민왕 20)	(우왕 즉위년)	(우왕 9)

- 이자춘과 이성계,
  쌍성총관부 탈환
- 명 건국
  원이 수도 대도를 버리고
  북으로 달아남(북원)
- 우왕 즉위
  공민왕이 시해되자
  이인임이 우왕을 세움

홍무제(명 황제, 주원장)